Re

Regulamin

OSTRZEŻENIE PRAWNE

Autor starał się być jak najbardziej dokładny i kompletny podczas tworzenia tej książki, chociaż nie gwarantuje ani nie oświadcza w żadnym momencie, że treść jest dokładna.

Chociaż dołożono wszelkich starań, aby zweryfikować informacje zawarte w tej publikacji, autor i wydawca nie ponoszą odpowiedzialności za błędy, pominięcia lub błędną interpretację zawartej w niej tematyki. Wszelkie postrzegane lekceważenie określonych osób, narodów lub organizacji jest niezamierzone.

W poradnikach praktycznych, jak we wszystkim innym w życiu, nie ma gwarancji. Ostrzega się czytelników, aby odpowiedzieli z własnym osądem na temat ich indywidualnych okoliczności, aby postępować zgodnie z nimi.

Spis treści

Spis treści

Przedmowa

Istnieją pewne obszary, które należy omówić, jeśli chodzi o podstawy opieki nad kotami, a wszystkie te kwestie mają pierwszorzędne znaczenie, gdy osoba jest zainteresowana posiadaniem zwierzaka, zwłaszcza kota.

Rozdział 1:

Podstawy pielęgnacji kotów

Streszczenie

Poniżej przedstawiono ogólnie niektóre obszary budzące obawy, jeśli chodzi o podstawy opieki nad kotem:

Podstawowe informacje

Jeśli nowy właściciel nie jest zainteresowany karmieniem kota przetworzonymi produktami spożywczymi, z łatwością wystarczą domowe przetwory. Należy jednak zawsze unikać podawania resztek karmy dla kotów jako głównego źródła pożywienia, ponieważ pokarm dla ludzi nie jest tak naprawdę kompletny ani pożywny dla kota. Niezbędnymi składnikami karmy dla kotów powinny być aminokwasy tauryna i wapń, które zwykle występują w postaci karmy na bazie kości.

Kolejnym podstawowym wymogiem kota byłaby kuweta do jego łazienki. Idealnie byłoby umieścić go w cichym miejscu, gdzie kot ma trochę prywatności i nie ma przeszkód, które mogłyby go przestraszyć, gdy próbuje się załatwić.

Ponieważ koty mają naturalną skłonność do drapania różnych przedmiotów, takich jak meble i zasłony, lepiej byłoby, gdyby właściciel znalazł sposób, aby uniemożliwić kotu popełnianie tego szkodliwego czynu. Niektórzy używają taśmy klejącej i folii aluminiowej na powierzchniach, które początkowo wydawałyby się kuszące dla kota do drapania, podczas gdy inni spryskują ten obszar zapachami, ponieważ koty na ogół nie lubią silnych zapachów. Zakup drapaka to kolejna alternatywa i należy zachęcać kota do korzystania z niego zamiast mebli, co w większości przypadków jest dla kota bardziej kuszące.

Zapewnienie kotu odpowiedniej liczby zabawek, aby był zajęty, zapewni, że nie wpadnie w psoty, gdy się nudzi.

Rozdział 2:

wizyta u weterynarza

Streszczenie

Większość zwierząt ma naturalną niechęć do wizyt u weterynarza, gdyż często odbywa się to w niemiłych okolicznościach. Ponieważ jednak jest to niezbędna część życia kota, należy podjąć pewne kroki, aby było to jak najłatwiejsze zarówno dla właściciela, jak i dla kota.

Utrzymanie ich w zdrowiu

Przede wszystkim głównym środkiem transportu dla kota jest transporter. Należy podjąć kroki, aby kot nie kojarzył tego z samymi wizytami u weterynarza. Dzieje się tak dlatego, że perspektywa wizyty u weterynarza nigdy nie jest dla kota przyjemna. Dlatego wyprowadzanie kota do klatki z mniej stresujących powodów sprawi, że kot będzie na tyle zdezorientowany, że nie będzie kojarzył klatki z wizytami u weterynarza.

Koty często uważają nosiciela za ograniczającego, co prowadzi do ich naturalnej niechęci i niechęci do niego. Dodanie ulubionej zabawki z kotem może pomóc odciążyć kota, gdy jest zamknięty w tak małym miejscu. Położenie szmatki na transporterze również pomoże uspokoić kota i uspokoić go, ponieważ ciemność da mu poczucie spokoju, a może nawet zachęci go do drzemki.

Zadanie sobie trudu znalezienia dobrego weterynarza, który zadba o to, aby zwierzę czuło się komfortowo przed sesją egzaminacyjną, to kolejna rzecz do rozważenia, jeśli chodzi o uspokojenie i zaakceptowanie kota. Jeśli kotu jest wygodnie, jest mniej prawdopodobne, że będzie się wiercił i powodował zamieszanie. Będzie to również mniej stresujące zarówno dla właściciela, jak i kota. Niektórzy weterynarze trzymają smakołyki pod ręką, aby spróbować uspokoić kota i zachować spokój podczas wizyty.

Rozdział 3:

Co warto wiedzieć o szczepionkach

Streszczenie

Chociaż szczepienia są często przerażającą koniecznością, wciąż istnieje wiele problemów, które zwykle wiążą się z osiedleniem się zwierzęcia i zaakceptowaniem tego jako czegoś ważnego i nieuniknionego. Jednak właściciel powinien być nieugięty w kwestii uzyskania wszystkich wymaganych szczepień dla kota, ponieważ pomoże to utrzymać kota w lepszym zdrowiu.

Ważne fakty

Szczepienia są na ogół podawane, aby zapewnić zwierzęciu pomoc, której potrzebuje, aby chronić swoje ciało przed jakąkolwiek zewnętrzną inwazją organizmów, które mogą spowodować zachorowanie kota. Układ odpornościowy kota musi być dobrze chroniony przed wszelkimi negatywnymi intruzami z zewnątrz, stąd potrzeba szczepień. Dzięki szczepieniom układ odpornościowy kota jest w stanie oprzeć się wszelkim atakom negatywnych intruzów, które mogą pogorszyć zdrowie kota.

Koty, które nie przebywają w domu, są często narażone na zwiększone ryzyko narażenia na organizmy chorobotwórcze, dlatego konsekwencje infekcji są zawsze obecne. Istnieje również możliwość, że takie warunki ostatecznie wpłyną na właściciela kota i jego otoczenie. Szczególnie niepokojącą chorobą, na którą może być narażony właściciel, jest wścieklizna, stąd konieczność szczepień.

Oto niektóre z najbardziej zalecanych szczepień dla kotów:

• Szczepionka przeciwko wirusowi leukopenii kotów: Ta szczepionka jest przeznaczona dla aby zapobiec zachorowaniu kota na wysoce zakaźną chorobę, która może pozostawać w stanie uśpienia, zanim faktycznie spowoduje śmiertelne reakcje.

- Szczepionkaprzeciwko laiciwirusowi/herpeswirusowi kotów: jest przeznaczony do leczenia;

Choroby górnych dróg oddechowych, które są powszechne u kotów, od których większość kotów nigdy nie jest całkowicie wolna, ale które szczepienie pomaga utrzymać pod kontrolą.

- Szczepionka przeciwko wirusowi wścieklizny: w większości krajów jest obecnie obowiązkowaupewnij się, że kot jest zaszczepiony tym, ponieważ ta choroba jest zagrożeniem nie tylko dla kota, ale także dla ludzi.

Rozdział 4:

Zapewnij odpowiednią karmę

Streszczenie

Wybór karmy dla kota nie polega po prostu na zapewnieniu mu tego rodzaju pokarmu, który lubi jeść. Tego rodzaju żywność często nie jest pożywna lub dobrze zbilansowana. Dlatego należy zadbać o to, aby w kociej diecie były obecne wszystkie różnorodne elementy, aby zapewnić kotu optymalne warunki zdrowotne.

Zapewnij odpowiednie odżywianie

Naprawdę nie trzeba dużo wiedzieć o karmach i dietach dla kotów, ponieważ właściciel musiałby znać tylko kilka faktów, głównie opartych na statystykach kota, aby podjąć świadomą decyzję o rodzaju wymaganej karmy. Te szczegóły powinny obejmować wiek kota, wielkość, styl życia i historię kota oraz jego rasę. Wszystko to byłoby dobrym punktem wyjścia dla właściciela do podjęcia świadomej decyzji o tym, jaki rodzaj karmy jest odpowiedni dla jego kota.

Ponieważ niektóre karmy dla kotów są zaprojektowane tak, aby pasowały do określonych kategorii, takich jak wiek kota, potrzeby żywieniowe i prawdopodobne zdolności żywieniowe, właściciel będzie miał mniejsze trudności z wyborem najbardziej odpowiedniej opcji. Istnieje wiele opcji dla kota, w tym karmy suche i mokre. Dla kota wystarczyłaby kombinacja dwóch lub tylko jednego rodzaju, ponieważ generalnie obejmuje pełne spektrum witamin i minerałów, których kot potrzebuje dla optymalnego zdrowia.

Ponieważ budżet jest prawdopodobnie największym czynnikiem decydującym o zakupie najbardziej odpowiedniej karmy dla kotów, większość marek wystarczy. Jeśli jednak koszt nie gra roli, idealnym rozwiązaniem byłoby dołożenie starań w celu zakupu karm premium lub naturalnych dla kotów, ponieważ jakość takich produktów byłaby znacznie lepsza niż zwykłych produktów na półce.

Rozdział 5:

Zapewnij prawidłową pielęgnację

Streszczenie

Koty są z natury dość wybredne, dlatego konieczna jest ciągła pielęgnacja. Większość kotów spędza sporo czasu na lizaniu się nawzajem i utrzymywaniu każdego futra na miejscu.

utrzymuj je w czystości

Koty długowłose mogą być szczególnie trudne w utrzymaniu, a właściciel będzie musiał zobowiązać się do ciągłej pielęgnacji. Nawet sam kot spędzi większość dnia na lizaniu każdego włosa. To oczywiście nie jest dobra rzecz, ponieważ kot może w końcu cierpieć z powodu kul włosowych i splątania futra. W idealnej sytuacji właściciel musiałby skorzystać z usług groomera, aby utrzymać sierść w porządku, a także regularnie szczotkować kota, aby usunąć wszelkie kępy włosów lub nadmiar włosów. Koty krótkowłose nie różnią się pod tym względem, że one również wymagają uwagi, co obejmuje codzienne spędzanie czasu przez właściciela na szczotkowaniu sierści.

Ta procedura czyszczenia sierści jest bardzo ważna i czasami może sprawić, że kot będzie cieszył się dobrą jakością życia, a koniecznością udania się do weterynarza na pilną operację usunięcia kulki włosowej, która blokuje jego przewód pokarmowy. Codzienne szczotkowanie pomoże zminimalizować ilość włosów, które kot połyka podczas własnych zabiegów pielęgnacyjnych. Koty często chronią się, odkrztuszając te kulki sierści, co może być dość nieprzyjemne, ale jest to lepsza alternatywa niż poddawanie się zabiegowi chirurgicznemu.

Posiadanie niektórych narzędzi pod ręką w domu pomogłoby stworzyć codzienną rutynę, która byłaby przyjemna zarówno dla kota, jak i właściciela. Początkowo kot może nie być zbyt entuzjastycznie nastawiony do szczotkowania, ale jeśli właściciel jest wytrwały i miły, kot w końcu się przyzwyczai i nauczy się akceptować to jako część niezbędnej codziennej rutyny.

Rozdział 6:

Zapewnij odpowiednie zabawki i uczucia

Streszczenie

Koty uwielbiają dawać i otrzymywać uwagę, ale zazwyczaj na własnych warunkach. Często trudno to zrozumieć, zwłaszcza jeśli właściciel jest typem, który uwielbia przytulać się do swoich zwierząt. Istnieją jednak sposoby na okazanie kotu miłości bez odrzucenia.

odpowiednie prezenty

Oto kilka wskazówek, jak być czułym w stosunku do kota domowego i odpowiednich zabawek potrzebnych do uzupełnienia równania:

- Chociaż koty nie lubią zbytnio się przytulać, zdarzają się przypadki, w których pozwalają się podnieść i przytulić.szybko i gładko. Jednak gdy kot staje się niespokojny, nadszedł czas na relaks.

· Koty uwielbiają się bawić, a najodpowiedniejsze zabawki wcale nie muszą być drogie. Proste zabawki wykonane ze zwiniętych kawałków papieruNiektóre kulki lub po prostu pogniecione to idealne zabawki dla kota. Jednak rozmiar musi być zbyt duży do połknięcia. Powieszenie liny lub zawieszenie czegoś na linie będzie bardzo atrakcyjną perspektywą dla natychmiastowej uwagi kota. Bieganie nim po podłodze naprawdę podnieci kota i generalnie zaowocuje zdrowym i szczęśliwym treningiem dla kota.

· Koty również lubią być głaskane, głaskane lub drapane, jednak

są dość wybredni, jeśli chodzi o obszary, z którymi pozwalają każdemu się kontaktować. Początkowo właściciel musiałby znieść kilka zadrapań, zanim znalazłby idealne miejsca, na których kot chciałby się skupić. Popularne miejsca to pod brodą i wokół policzków, a także za uszami, a czasem na grzbiecie tuż przed zetknięciem się z ogonem.

• Kolejną popularną zabawką są małe kolorowe kulki z dzwoneczkami w środku.

którymi większość kotów lubi się bawić. Jednak kulki muszą być na tyle duże, aby kot nie mógł ich połknąć.

Rozdział 7:

Upadek braku tresury kota

Streszczenie

Niewyszkolone koty mogą stać się dużym zagrożeniem dla właściciela i jego otoczenia. Nie należy również oszczędzać rzeczy właściciela, ponieważ niewyszkolony kot nie zna granic i zareaguje tak, jak uzna to za stosowne.

Dlaczego szkolenie jest tak ważne?

Jest kilka rzeczy do załatwienia, gdy właściciel nie rozważał szkolenia kota od samego początku. Niektóre z nich obejmowałyby konieczność radzenia sobie z problemami z nauką korzystania z nocnika, bezkrytycznym niszczeniem mebli, znikaniem przedmiotów i wieloma innymi rzeczami.

Jeśli chodzi o naukę korzystania z nocnika, nieprzeszkolony kot nie pomyśli o użyciu w tym celu miejsca odpowiedniego dla jego procesu myślowego. Więc właściciel prawdopodobnie sprząta po kocie, nie wspominając już o strasznym smrodzie, jaki stworzy w najbliższym otoczeniu. Należy zauważyć, że mocz i kał kota mają wyjątkowo silny zapach.

Innym problemem byłby nawyk drapania kota, który wybuchłby na prawie wszystkim. Jednak głównym obiektem, który najbardziej ucierpi, byłaby sofa i dywaniki. Wydaje się, że koty lubią wbijać pazury w te przedmioty, ponieważ wydaje się, że zapewnia to kotu pierwotną i przyjemną ulgę. Konieczność okresowej wymiany mebli nie jest realną opcją i należy zastosować jakąś formę taktyki kontrolnej.

Kradzież kotów to kolejna bardzo popularna skarga ze strony właścicieli, którzy wydają się nie dostrzegać zalet szkolenia swoich kotów. Koty są z natury ciekawe i uwielbiają odkrywać, więc znajdowanie przedmiotów, które uznają za fascynujące, sprawi, że będą starały się zachować je dla siebie, stąd instynkt chowania się.

Wniosek

Utrzymanie kota online może być czasem dość trudnym zadaniem do wykonania. Jest to możliwe, wymaga tylko dużo pracy i wysiłku zarówno ze strony zwierzaka, jak i właściciela. Jak wspomniano powyżej, istnieje wiele narzędzi, które można wykorzystać w procesie szkolenia kotów, aby znacznie ułatwić ten proces. Przy prawidłowym korzystaniu z narzędzi i wskazówek, których właśnie się nauczyłeś, ty i twój kot powinniście być w stanie dzielić dom z minimalnymi problemami.

Powodzenia!

Autor: prof. Ubaldo Sánchez Gutiérrez

CPSIA information can be obtained
at www.ICGtesting.com
Printed in the USA
BVHW031049180423
662564BV00016B/1403